RÈGLEMENT

CONCERNANT

LES OUVRIERS DE LA COMPAGNIE

EN ÉGYPTE

PARIS

Imprimerie de la Société anonyme de publications périodiques

13, QUAI VOLTAIRE, 13

—

1893

RÈGLEMENT

CONCERNANT

LES OUVRIERS DE LA COMPAGNIE

EN ÉGYPTE

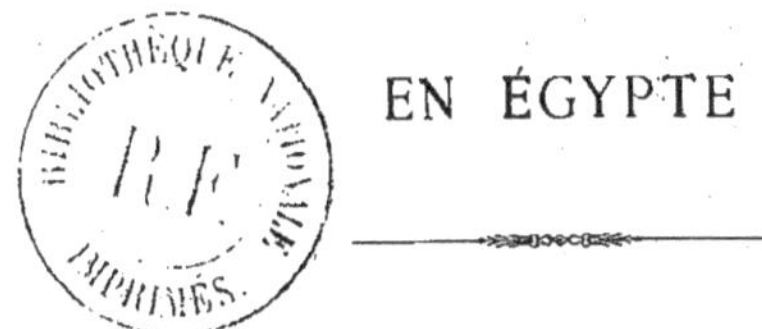

I. — Embauchage des ouvriers.

ARTICLE PREMIER.

Le présent Règlement s'applique indistinctement à tous les agents non compris dans les différentes classes d'employés, ainsi qu'aux ouvriers et assimilés.

L'appellation d'assimilés comprend les gens de service, canotiers, gardiens, etc.

Les ouvriers occupés par la Compagnie se distinguent, d'ailleurs, en deux catégories :

1º Les ouvriers faisant partie du cadre créé le 1ᵉʳ avril 1892, conformément à ce qui est expliqué à l'article 8 ci-après, lesquels, dans les conditions spécifiées au cours du présent Règlement, sont occupés sans interruption ;

2º Les ouvriers ne faisant pas partie du cadre, lesquels ne sont occupés qu'en raison de l'importance des travaux à exécuter chaque année et dont la totalité ne peut être exécutée par les seuls ouvriers du cadre.

ART. 2.

Les ouvriers, pour être embauchés, doivent avoir 18 ans au moins et 35 ans au plus.

ART. 3.

Tout ouvrier demandant à être embauché doit présenter son acte de naissance ou une pièce officielle établissant son âge, ainsi que les certificats constatant son aptitude dans sa profession.

ART. 4.

Avant d'être embauché, l'ouvrier doit être soumis à la visite d'un ou de deux médecins de la Compagnie qui auront à déclarer s'il est apte à exercer sa profession et s'il n'est atteint d'aucune infirmité ou maladie chronique susceptible de lui occasionner des incapacités temporaires ou une incapacité permanente de travail.

ART. 5.

L'embauchage des ouvriers ne peut être fait que par les Chefs de section, agents principaux, chefs des ateliers généraux ou leurs intérimaires, après autorisation de leur Chef de service.

ART. 6.

L'ouvrier embauché pour la première fois ne l'est qu'à titre d'essai pendant une période maximum d'un mois.

ART. 7.

L'ouvrier embauché pour remplacer un autre ouvrier, malade, en permission ou absent, est embauché dans les conditions spécifiées ci-dessus. Il est remercié, sans autre avis, aussitôt le retour au travail de l'ouvrier qu'il a remplacé.

II. — Cadre des ouvriers.

ART. 8.

Lorsque la Compagnie a à pourvoir à des vacances dans le cadre des ouvriers établi par elle le 1ᵉʳ avril 1892,— cadre devant comprendre, à cette date, tous les ouvriers, sans exception, qui, étant au service de la Compagnie en Egypte pendant le mois de septembre 1891, se trouvaient compter le 1ᵉʳ janvier 1892 huit années de services continus ou discontinus, sans, cependant, interruptions de travail supérieures à quatre mois, sauf les cas de maladie régulièrement constatés, — l'inscription des ouvriers, pour chaque spécialité, se fait moitié à l'ancienneté et moitié au choix.

L'inscription reste d'ailleurs subordonnée à la condition de huit années de services continus ou discontinus, et pourvu, dans le cas de services discontinus, qu'aucune interruption de travail n'ait été supérieure à quatre mois, sauf les cas de maladie régulièrement constatés.

Le salaire mensuel de l'ouvrier inscrit dans le cadre est fixé de la manière suivante : on prend d'abord le taux de l'heure qui a été payé à cet ouvrier pendant l'année qui a précédé son inscription, et ce taux multiplié par 10, nombre d'heures de travail journalier normal, constitue le taux de la journée; on multiplie ensuite ce taux de la journée normale par 30 pour avoir le chiffre du salaire mensuel fixe de l'ouvrier. Ce salaire lui est payé à la fin de chaque mois, à moins que l'ouvrier n'ait perdu du temps par sa faute, auquel cas le salaire correspondant au temps perdu est déduit.

III. — Ouvriers ne faisant pas partie du cadre.

ART. 9.

Les ouvriers ne faisant pas partie du cadre sont payés à la journée.

Ceux qui, chaque année, doivent être congédiés momentanément, sont prévenus huit jours d'avance. Les ouvriers qui doivent être licenciés à titre définitif sont prévenus deux mois d'avance. Les uns ni les autres n'ont droit à indemnité.

IV. — Pensions de retraite et secours.

§ 1ᵉʳ — Circonstances pouvant donner lieu à l'allocation de secours ou de pensions de retraite.

ART. 10.

Les ouvriers qui, à l'âge de 50 ans pour les Européens, à l'âge de 55 ans pour 'es indigènes, se trouvent avoir 30 ans ou plus de services effectifs, continus ou discontinus, ont droit, lorsqu'ils quittent le service, à une pension de retraite calculée conformément aux règles établies par l'article 15 ci-après.

En outre, tout ouvrier européen qui, à l'âge de 45 ans, a atteint 20 années de services effectifs continus ou discontinus, a le droit de demander sa mise à la retraite proportionnelle sur la base stipulée au même article 15.

ART. 11.

Un secours annuel proportionnel peut être alloué aux ouvriers ne remplissant pas les conditions d'âge et de durée de services de l'article précédent, mais ayant, toutefois, trois ans au moins de services effectifs continus ou discontinus, dans le cas d'une incapacité permanente de travail due à des infirmités, blessures ou maladies chroniques dûment constatées, à l'exception des maladies et infirmités résultant du désordre et de l'inconduite.

Le secours annuel peut-être augmenté, sans dépasser en aucun cas la limite de l'article précédent, et quelle que soit d'ailleurs la durée des services de l'ouvrier, si l'incapacité permanente de travail résulte d'une maladie contractée ou d'une blessure reçue par l'ouvrier sur les travaux et par le fait desdits travaux. Il est statué alors par décision spéciale de l'Administration.

Art. 12.

A la pension de retraite ou au secours annuel accordés, à titre personnel, à l'ouvrier, dans les conditions des deux articles 10 et 11 ci-dessus, il peut être ajouté un secours supplémentaire annuel pour tenir compte des charges de famille.

Par charges de famille on doit entendre : la femme légitime vivant habituellement avec son mari, les enfants au dessous de 18 ans, ou au-dessus s'ils sont infirmes, et généralement toutes personnes dont l'ouvrier est le soutien.

Art. 13.

En cas de décès d'un ouvrier en activité de service, la moitié, soit de la pension de retraite à laquelle il aurait pu avoir droit au jour de son décès, soit du secours annuel personnel qui, en raison de son temps de service, aurait pu lui être attribué, peut être répartie entre les personnes à sa charge dans la proportion qui sera arrêtée par l'Administration. La disposition de l'article 12 relatif aux charges de famille peut, en outre, être appliquée.

Si le décès de l'ouvrier survient par suite de maladie contractée ou de blessure reçue sur les travaux et par le fait des travaux, il est statué par décision spéciale de l'Administration, à la fois sur la quotité et sur la répartition du secours annuel à accorder aux personnes dont le décédé avait charge.

Art. 14.

En cas de décès d'un ouvrier jouissant d'une pension de retraite ou d'un secours annuel, les dispositions des deux articles précédents peuvent être appliquées aux personnes désignées auxdits articles, en prenant pour base le chiffre de la pension de retraite ou du secours annuel dont jouissait le décédé.

§ 2. — *Quotité des secours et pensions.*

Art. 15.

La quotité des secours et pensions de retraite se calculera conformément aux règles qui suivent :

1° On partira du tableau ci-dessous représentant le montant de la pension de retraite à laquelle a droit, après 30 ans de service, et sous la condition de 50 ans d'âge, tout ouvrier célibataire et sans charges de famille, originaire de l'Europe occidentale et y résidant.

APPOINTEMENTS ET SALAIRES pendant LA DERNIÈRE ANNÉE	MONTANT de la pension de retraite APRÈS 30 ANS DE SERVICE
Au-dessous de 5ᶠ » par jour	900ᶠ »
De 5ᶠ » à 6 50 — exclusivement	1.000 »
De 6 50 à 8 » — —	1.100 »
De 8 » à 10 » — —	1.200 »
De 10 » à 12 » — —	1.300 »
De 12 » par jour et au-dessus	1.400 »
Pilotes	1.800 »

2° Pour une durée de service moindre que 30 ans et cependant supérieure à 3 ans, les chiffres de la pension de retraite ou du secours seront réduits proportionnellement.

3° En raison de la différence dans les habitudes et conditions d'existence résultant de l'origine et de la résidence, les résultats obtenus par l'application combinée des nᵒˢ 1 et 2 du présent article seront multipliés par les coefficients ci-dessous :

ORIGINE ET RESIDENCE	COEFFICIENT
Ouvrier européen résidant après la cessation de son travail dans l'Europe occidentale ainsi que dans les provinces allemandes de l'Autriche, dans la Russie septentrionale, l'Italie du Nord	1,00
Ouvrier européen résidant après la cessation de son travail dans l'Europe méridionale et en Orient, ainsi qu'en Espagne, Portugal, Malte, Hongrie, les bords de l'Adriatique, l'Italie méridionale, la Grèce, la Turquie, la Russie méridionale, l'Algérie, la Tunisie, l'Égypte	0,75
Indigène, quelle que soit sa résidence	0,50

ART. 16.

Le supplément prévu à l'article 12 pour tenir compte des charges de famille sera, savoir :

De 20 o/o de la pension ou du secours personnel dans le cas d'une seule personne à la charge du secouru ;

De 30 o/o dans le cas de 2 personnes ;

De 40 o/o dans le cas de 3 personnes ;

De 50 o/o dans le cas de 4 personnes, ou plus.

ART. 17.

Toutes les fois qu'un secours sera attribué à un ouvrier ayant 20 ans ou plus de service, la partie personnelle de ce secours sera regardée comme constituant une pension permanente définitivement acquise à l'intéressé.

§ 3. — *Demandes et propositions de secours ou de pensions de retraite.*

ART. 18.

Lorsqu'un ouvrier quitte la Compagnie dans les conditions prévues aux articles 10 et 11 ci-dessus, le Chef de service doit immédiatement examiner ses titres à l'obtention d'un secours annuel ou d'une pension de retraite.

ART. 19.

En cas de décès d'un ouvrier, le Chef de service doit, de même, d'office, et sans attendre la demande des intéressés, procéder à l'examen des titres que la femme, les enfants, ou, d'une manière générale, les personnes dont le décédé était le soutien, peuvent avoir pour obtenir un secours annuel.

ART. 20.

Dans le cas où des constatations médicales sont nécessaires en vue de l'allocation de secours, il y est procédé par les médecins accrédités de la Compagnie, sur la demande qui leur en est faite par le Chef de service.

C'est à celui-ci que les médecins remettent leur rapport.

ART. 21.

Le Conseil de famille, en Egypte, la Commission de bienfaisance, à Paris, sont saisis de la demande du Chef de service, accompagnée de tous les renseignements utiles, et, après examen, formulent, s'il y a lieu, les propositions à soumettre à la Direction.

§ 4. — *Modifications et suppressions de secours.*

ART. 22.

Dans le dernier trimestre de chaque année, il est procédé à une révision de la situation des secourus ; et, à la suite de cet examen, le Conseil d'administration, sur la proposition du Comité de direction, est appelé à prononcer, pour l'année suivante, le maintien, la réduction ou la suppression du secours.

Cette révision est étudiée par le Conseil de famille d'Egypte pour les secourus résidant en Orient et dans l'Europe orientale ou lieux assimilés, et par la Commission de bienfaisance de Paris pour ceux résidant dans l'Europe occidentale ou lieux assimilés.

ART. 23.

Tous les ans, avant le 1ᵉʳ octobre, les pensionnés et secourus doivent faire parvenir à la Compagnie, savoir : les pensionnés, un certificat de vie délivré par une autorité régulière ; les secourus, un certificat délivré également par une autorité régulière constatant, s'il y a lieu, la continuation de leur état d'incapacité de travail.

L'un comme l'autre certificat doit faire connaître en même temps le nombre, l'âge et le sexe des personnes réellement à la charge du pensionné ou secouru.

ART. 24.

Le secours est modifié annuellement suivant les changements survenus dans le nombre des personnes à la charge du pensionné ou secouru et en tenant compte des stipulations de l'article 16. Les charges de famille qui seraient venues s'ajouter à celles ayant servi de base à l'allocation primitive ne doivent pas être prises en considération.

Le secours peut être supprimé lorsque, ayant été accordé pour raison de santé à un ouvrier ne se trouvant pas dans les conditions de l'article 17, celui-ci est redevenu apte à se livrer aux travaux de sa profession. La suppression du secours n'entraîne pas pour la Compagnie l'obligation de reprendre l'ouvrier à son service.

§ 5. — *Dispositions Générales.*

Art. 25.

Le secours a essentiellement le caractère d'un acte de bienveillance. Il ne peut pas être réclamé comme un droit.

Il est personnel au titulaire.

Il cesse au jour du décès.

Art. 26.

Les propositions de pensions de retraite ou de secours approuvées par le Comité de direction sont soumises à la ratification du Conseil d'administration qui fixe l'imputation de la dépense en résultant.

Art. 27.

Le Conseil d'administration se réserve de porter, comme il l'a fait jusqu'ici, secours aux situations exceptionnelles, sur la proposition du Comité de direction.

Art. 28.

Les précédentes règles, destinées à servir de base à la fixation des secours et pensions, pourront à toute époque, sous réserve des droits acquis, être modifiées par délibération du Conseil d'administration.

V. — Soins médicaux.

Salaires pendant les incapacités de travail résultant de maladies.

Art. 29.

Tous les ouvriers de la Compagnie et leurs familles ont droit aux soins des médecins de la Compagnie.

ART. 30.

Durant les incapacités temporaires de travail résultant de maladies epidémiques, de blessures reçues dans l'exercice de leur profession ou de maladies considérées, d'après certificat des médecins de la Compagnie, comme provenant du fait du travail, les ouvriers, aussi bien ceux ne faisant pas partie du cadre que ceux qui en font partie, conservent, lorsqu'ils sont soignés à domicile, l'intégralité de leurs salaires.

ART. 31.

Durant les incapacités temporaires de travail résultant de causes autres que celles spécifiées à l'article précédent et à l'article suivant, les ouvriers, au vu d'un certificat d'un médecin de la Compagnie, constatant à la fois la cause et la durée de l'interruption de travail, reçoivent, lorsqu'ils sont soignés à domicile, savoir :

Ceux faisant partie du cadre, l'intégralité de leurs salaires ;
Ceux ne faisant pas partie du cadre, la moitié de leurs salaires.

ART. 32.

Durant les incapacités temporaires de travail provenant de maladies vénériennes, d'intempérance, de rixes volontaires, aucun salaire n'est payé aux ouvriers, qu'ils fassent ou non partie du cadre.

ART. 33.

Dans les cas prévus aux deux articles 30 et 31, les ouvriers sont soignés aux frais de la Compagnie dans les hôpitaux de Port-Saïd, de Saint-Vincent ou de Suez, sur leur demande, ou lorsque les médecins de la Compagnie déclarent cette mesure nécessitée, soit par la nature de la maladie ou de la blessure, soit par les conditions dans lesquelles lesdits ouvriers se trouvent dans leur domicile, soit par les conditions du lieu de leur résidence. Ils sont traités en 3ᵉ classe à l'hôpital Saint-Vincent et dans les classes correspondantes aux hôpitaux de Port-Saïd et de Suez.

Art. 34.

Les ouvriers malades ou blessés, qui se trouvent dans les conditions indiquées à l'article 30 et qui entrent à l'hôpital, touchent la moitié de leurs salaires, qu'ils fassent ou non partie du cadre.

Les ouvriers malades, qui se trouvent dans les conditions prévues à l'article 31 et qui entrent à l'hôpital, touchent, pendant le séjour qu'ils y font, la moitié de leurs salaires, s'ils font partie du cadre. Ceux ne faisant pas partie du cadre ne reçoivent aucun salaire.

Art. 35.

Les ouvriers soignés à domicile reçoivent gratuitement, en outre des soins des médecins de la Compagnie, les médicaments, dans les cas de maladies épidémiques, de blessures reçues dans l'exercice de leurs professions et de maladies considérées, d'après certificat des médecins de la Compagnie, comme résultant du fait du travail.

Dans le cas de maladies épidémiques, les médicaments sont également fournis gratuitement aux membres des familles des ouvriers dont ceux-ci ont charge.

VI. — Congés de maladie.

Art. 36.

Les Chefs de service d'Egypte, réunis en conférence, sont autorisés à accorder aux ouvriers ayant au moins trois années de services effectifs des congés de maladie, avec frais de voyage, aller et retour, sur le certificat d'un ou de deux médecins de la Compagnie concluant à l'impérieuse nécessité d'un changement d'air pour le malade et indiquant la durée du congé jugée par eux nécessaire.

Suivant les circonstances (causes de la maladie, charges de famille, ouvriers faisant ou non partie du cadre), il pourra être en outre alloué auxdits ouvriers partie ou l'intégralité de leur salaire, pour une période qui ne devra, en aucun cas, dépasser trois mois.

Les voyages d'aller et de retour auront lieu en 3ᵉ classe. Toutefois, pour les traversées, l'ouvrier pourra effectuer son passage par la classe la plus inférieure sous le pont, savoir : à l'aller, lorsque les médecins de la Compagnie le jugeront nécessaire; au retour, si l'intéressé justifie, par la production d'un certificat médical, qu'il avait besoin de ménagements

Un billet de passage sera remis à l'intéressé à son départ; au retour, il devra justifier de la classe qu'il aura prise en faisant viser sa feuille de permission par la Compagnie de navigation sur le bateau de laquelle il se sera embarqué.

ART. 37.

Les congés de maladie accordés par la conférence des Chefs de service doivent être soumis à la ratification du Comité de direction.

VII. — Repos du dimanche et des jours fériés.

ART. 38.

Sauf les nécessités du service, il y a repos sur les chantiers de l'Isthme les dimanches et jours fériés.

Les jours fériés admis dans l'Isthme sont les suivants :

1ᵉʳ janvier; Noël grec; Jour de l'an grec; 1ᵉʳ jour du Courbam-Baïram; 15 août; Assomption grecque; 1ᵉʳ novembre; 25 décembre.

Les ouvriers du cadre jouissent, sans réduction de salaire, du repos du dimanche et jours fériés. Ils doivent toutefois leur travail, les dits jours, à la Compagnie, pour tout ou partie de la journée, lorsque le réclament les besoins du service.

Les ouvriers ne faisant pas partie du cadre sont payés d'après le nombre de leurs journées effectives de travail.

VIII. — Révocations.

ART. 39.

Lorsqu'un ouvrier s'est mis dans le cas d'être renvoyé, le renvoi est prononcé, savoir : en ce qui est des ouvriers ne faisant pas partie du cadre, par les Chefs de section ou Agents principaux autorisés par les Chefs de service ; en ce qui est des ouvriers du cadre, par les Chefs de service autorisés par l'Agent supérieur.

L'ouvrier renvoyé perd tous droits à l'obtention d'une pension de retraite et à l'allocation de secours.

IX. — Apprentissage.

ART. 40.

Les fils des ouvriers de la Compagnie peuvent être admis en apprentissage, sans solde, dans ses ateliers, aux conditions suivantes :

Le nombre des apprentis est provisoirement fixé à 24, se répartissant ainsi, savoir :

14 dans les ateliers généraux de Port-Saïd ;
5 dans les ateliers de la section d'Ismaïlia ;
5 dans les ateliers de la section de Suez.

Les places d'apprentis sans solde sont données dans l'ordre de préférence suivant :

Orphelins de père et de mère ;
Orphelins de père ;
Fils d'ouvriers secourus résidant sur le Canal ;
Fils d'ouvriers de la Compagnie, placés suivant l'ancienneté des services effectifs du père.

Pour être admis comme apprenti, il faut être âgé d'au moins 14 ans.

Un certificat d'un médecin de la Compagnie devra constater que la santé du postulant lui permet de se livrer sans danger aux travaux auxquels il doit être occupé.

La durée de l'apprentissage sans solde est de deux ans. L'Administration, après ce délai de deux ans, ne sera pas tenue d'occuper les apprentis en qualité d'ouvriers.

X. — Subventions annuelles
à la Société d'assurance mutuelle pour les congés des ouvriers.

Art. 41.

La Compagnie vient en aide, par des subventions annuelles, à la Société créée le 1er janvier 1880, à Port-Saïd, par ses ouvriers, sous le nom de *Société d'assurance mutuelle pour les congés des ouvriers*, et dont les statuts, revisés le 21 février 1886, comprennent notamment les dispositions suivantes :

« Art. 3. — Pourront faire partie de la Société les ouvriers ayant quatre années de travail effectif dans les ateliers des chantiers de la Compagnie qui en feront la demande au Président de la Société ;

« Art. 5. — Avant d'être transmise au Président de la Société, la demande devra être soumise par le postulant à l'approbation de son Chef de service qui appréciera la suite qu'il conviendra de lui donner ;

« Art. 10. — La cotisation mensuelle est fixée pour chaque membre à 15 francs. »

Art. 42.

Les subventions annuelles de la Compagnie consistent en allocations remises directement, au moment de leur départ, aux ouvriers, membres de la Société, qui doivent aller en congé.

Ces subventions, les congés et les encaissements par la Compagnie des cotisations des membres de la Société, sont régis par les règles suivantes :

1° Tous les membres de la Société recevront de la Compagnie, à quelque nationalité qu'ils appartiennent, la même allocation, fixée à la somme de 500 francs pour les célibataires et à 1,000 francs pour les ouvriers mariés ;

2° Dans aucun cas, l'allocation ne pourra dépasser les sommes précitées ;

3° Elle sera remise aux intéressés sous forme de billets de passage, à l'aller, de la dernière classe sous le pont ;

Les ouvriers mariés ne recevront l'allocation de 1,000 francs au moment de leur départ en congé, qu'à la condition d'emmener leur femme avec eux et de la ramener avec eux au retour ;

4° La différence entre le prix des places et la somme précitée de 500 francs ou de 1,000 francs sera remise en espèces à l'ouvrier au moment de son départ ;

5° Il sera délivré à l'ouvrier partant en congé un billet pour le pays qu'il désignera, sans qu'il y ait lieu de s'occuper de sa nationalité pour déterminer l'endroit de son séjour durant son congé ;

6° L'ouvrier sera libre de partir pour un port européen quelconque et de revenir par un autre port ;

7° Au retour, il devra faire viser sa feuille de permission par la Compagnie de navigation sur le bateau de laquelle il s'embarquera et faire constater par ladite Compagnie la classe qu'il prendra ;

8° Il ne pourra être accordé de congé à un ouvrier qu'après qu'il aura versé le montant de ses cotisations mensuelles pendant 3 ans (36 mois) ;

9° Si, au bout de 3 ans, l'ouvrier ne prend pas son congé, les versements sont suspendus jusqu'à ce qu'il parte. A ce moment, il devra opérer de nouveau ses versements mensuels, et un nouveau congé ne pourra lui être accordé qu'après un nouveau versement de 36 mois, et ainsi de suite ;

10° Les versements effectués par les membres de la Société seront encaissés par la caisse de la Compagnie qui gardera les fonds, tiendra les comptes et ajoutera un intérêt de 3 o/o l'an, à partir du jour du dépôt ;

11° Les intérêts s'ajouteront individuellement à la somme remise par la Compagnie à l'ouvrier partant en congé.

ART. 43.

Les nouvelles demandes d'admission dans la Société ne devront recevoir, le cas échéant, une première suite favorable de la part du Chef de service chargé, d'après l'article 5 des statuts de la Société, d'apprécier la suite à donner, qu'à l'égard des ouvriers ayant, indépendamment de 4 années de travail effectif, un salaire d'au moins 9 francs par jour. Il est fait toutefois exception, en ce qui est de ce chiffre minimum de salaire, en faveur des scaphandriers.

ART. 44.

Les propositions d'admission de nouveaux membres dans la Société devront (après approbation du Comité de la Société) être présentées annuellement à la Direction, par les Chefs de service, au moment de l'examen du budget.

ART. 45.

La liste nominative des ouvriers désignés pour aller en congé pendant l'année, avec l'indication de la durée du congé de chaque ouvrier et de la date de son départ, doit, avant d'être définitivement arrêtée, être présentée par le Président de la Société respectivement à l'acceptation des Chefs de service dont dépendent lesdits ouvriers.

Le présent Réglement,
arrêté par le Comité de Direction dans sa séance
du 26 Octobre 1893, a été approuvé par décision
du Conseil d'Administration du

Le Vice-Président du Conseil d'Administration :
J. GUICHARD

Le Sous-Directeur de la Compagnie :
DE ROUVILLE

Paris. — Imprimerie P. Mouillot, 13, quai Voltaire. — 59182.

www.ingramcontent.com/pod-product-compliance
Lightning Source LLC
LaVergne TN
LVHW050256030726
842520LV00006B/2405